kip

höna

haan

tupp

kuiken

kyckling

eendje

ankunge

kalkoen

kalkon

ezel

åsna

zwaan

svan

kikker

groda

wasbeer

tvättbjörn

beer

björn

eekhoorn

ekorre

vlieg

fluga

lieveheersbeestje

nyckelpiga

worm

mask

slak

snigel

naaktslak

snigel

bij

bi

spin

spindel

kever

skalbagge

libel

trollslända

leeuw

lejon

zebra

zebra

giraffe

giraff

neushoorn

noshörning

slang

orm

mug

mygga

zeeschildpad

havssköldpadda

nijlpaard

flodhäst

alligator

alligator

krokodil

krokodil

haai

haj

walrus

valross

pinguïn

pingvin

ijsbeer

isbjörn

zeehond

säl

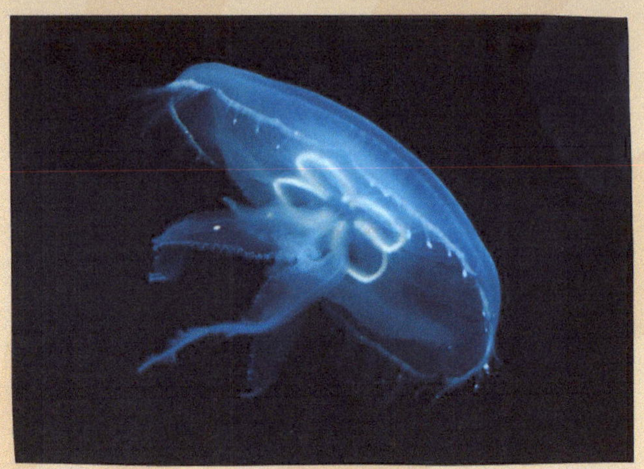

zeester

sjöstjärna

kwal

manet

schelpen

snäckor

veer

fjäder

11

elf

elva

12

twaalf

tolv

13

dertien

tretton

14

veertien

fjorton

15

vijftien

femton

16

zestien

sexton

17

zeventien

sjutton

18

achttien

arton

19

negentien

nitton

20

twintig

tjugo

hart

hjärta

ovaal

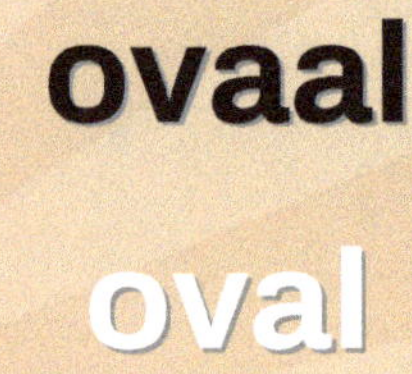

oval

pijl

pil

halve maan

halvmåne

boog

kurva

spiraal

spiral

kruis

kryss

zigzag

sicksack

regenboog

regnbåge

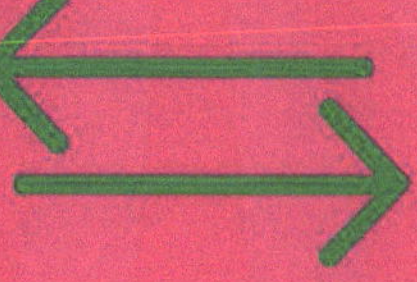

donkere kleuren

mörka färger

lichte kleuren

ljusa färger

stippen

prickar

lijn

linje

kort

kort

lang

lång

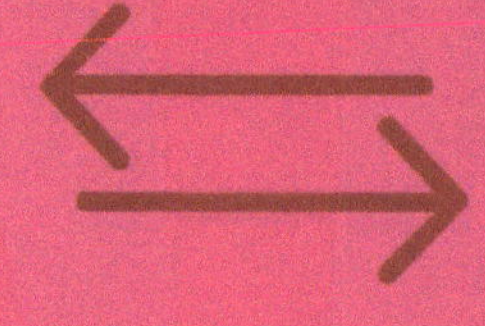

een beetje

lite

heel veel

mycket

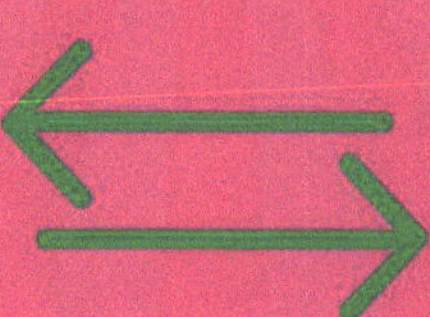

vol

full

leeg

tom

gekruld haar

lockigt hår

stijl haar

rakt hår

accepteren

acceptera

weigeren

vägra

identiek

identisk

verschillend

olika

droog

torr

nat

våt

speelgoed

leksaker

blokken

klossar

bal

boll

robots

robotar

tong

tunga

neus

näsa

haar

hår

snor

mustasch

vingers

fingrar

arm

arm

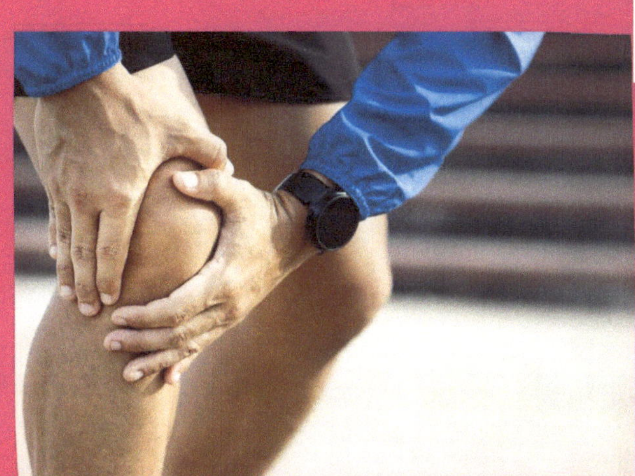

knie

knä

elleboog

armbåge

glimlachen

att le

kus

kyss

huilen

gråta

pijn

smärta

lichaam

kropp

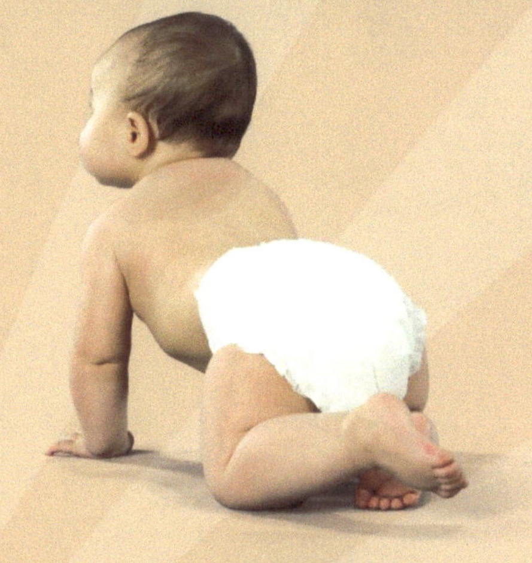

rug

rygg

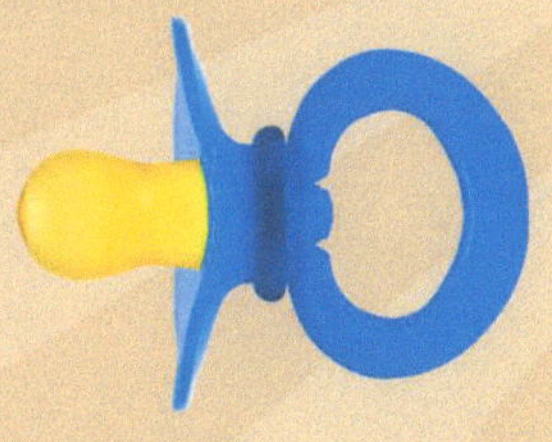

speen

napp

kinderstoeltje

barnstol

zeep

tvål

tandenborstel

tandborste

handdoek

handduk

potje

potta

ring

ring

armband

armband

halsketting

halsband

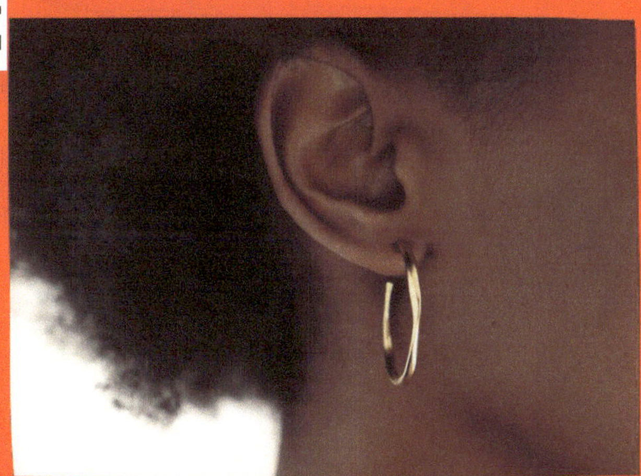

oorbel

örhänge

chocolade

choklad

popcorn

popcorn

jam

sylt

geroosterd brood

rostat bröd

honing

honung

boter

smör

brood

bröd

ijsje

glass

griesmeel

mannagryn

rijst

ris

pasta

pasta

soep

soppa

melk

mjölk

water

vatten

sap

juice

kiwi

kiwi

framboos

hallon

grapefruit

grapefrukt

meloen

melon

pruim

plommon

abrikoos

aprikos

granaatappel

granatäpple

vijg

fikon

bosbes

blåbär

veenbes

tranbär

kaki

persimon

lychee

litchi

fruit

frukter

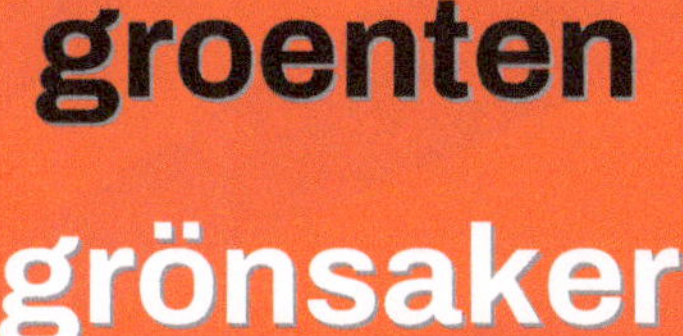

groenten

grönsaker

avocado

avokado

sperzieboon

grön böna

broccoli

broccoli

aubergine

äggplanta

erwten

ärtor

paprika

paprika

biet

rödbeta

sla

sallad

andijvie

endiv

artisjok

kronärtskocka

prei

purjolök

ui

lök

knoflook

vitlök

gember

ingefära

walnoten

valnötter

amandel

mandel

pistache

pistagenöt

cashewnoot

cashewnötter

www.ingramcontent.com/pod-product-compliance
Lightning Source LLC
LaVergne TN
LVHW071212160826
845679LV00003B/805